ISBN 978-0-266-64492-7
PIBN 10995533

English
Français
Deutsche
Italiano
Español
Português

www.forgottenbooks.com

Mythology Photography **Fiction**
Fishing Christianity **Art** Cooking
Essays Buddhism Freemasonry
Medicine **Biology** Music **Ancient**
Egypt Evolution Carpentry Physics
Dance Geology **Mathematics** Fitness
Shakespeare **Folklore** Yoga Marketing
Confidence Immortality Biographies
Poetry **Psychology** Witchcraft
Electronics Chemistry History **Law**
Accounting **Philosophy** Anthropology
Alchemy Drama Quantum Mechanics
Atheism Sexual Health **Ancient History**
Entrepreneurship Languages Sport
Paleontology Needlework Islam
Metaphysics Investment Archaeology
Parenting Statistics Criminology
Motivational

Die Mimik der Kinder

beim künstlerischen Genießen ▢▢▢▢▢

Von

Rudolf Schulze

———

Fünftes bis zwölftes Tausend

Sind Kinder fähig, ein künstlerisches Bild zu verstehen? Diese Frage wird seit Jahren in der pädagogischen Presse erörtert. Und immer noch ist man zu keinem bestimmten Ergebnis gekommen. So freudig auf der einen Seite das Ja ertönte, so energisch erklang drüben das Nein.

Man legte den Kindern Bilder vor und forderte sie zum selbständigen Aussprechen auf. Aber die Versuche lieferten selten einwandfreie Resultate. Entweder waren die Kinder durch vorhergegangene Bilderbesprechungen vorbereitet, dann traten sie mit anerzogenen Urteilen an das Kunstwerk heran, oder aber sie waren unvorbereitet, dann pflegten sie die Sprache als das zu benutzen, als was sie im heutigen Schulbetrieb fast lediglich gilt, als ein Instrument, seine Gedanken, sein Denken auszudrücken: das rein Gefühlsmäßige trat dabei völlig zurück.

Schon seit Jahren war es mir auffällig, wie lebhaft oft die Gefühlsäußerungen der Kinder waren, wenn man ihnen ein Kunstwerk zum ersten Male zeigte. Und heute schicke ich sie selbst hinaus — in dem Augenblicke photographiert, wo sie das Bild sehen — damit sie jedermann, der an dieser Frage Interesse hat, erzählen, was sie beim Anblick eines künstlerischen Bildes empfinden.

Die Versuche wurden unter ungünstigen Umständen veranstaltet. Des Lichtes halber mußten sie im Schulhofe stattfinden. Draußen sammelte sich die Straßenjugend und eine Anzahl Erwachsener an, die den unerhörten Vorgang mit regstem Interesse verfolgten — was das heißt, weiß jeder, der das Straßenpublikum unserer Großstädte kennt. Ferner war

Sämtliche Versuchsbilder sind in R. Voigtländers Verlag in Leipzig erschienen.

1*

„ein fremder Herr" [1]) dabei. Außerdem ließ es sich nicht vermeiden, daß
die Kinder den photographischen Apparat sahen. In der Tat, wenn
die Affekte der Kinder nicht sehr starke waren, so mußten sie diesen ab=
lenkenden Nebenumständen zum Opfer fallen.

Ich habe lange geschwankt, ob ich unter so ungünstigen Umständen die
Untersuchung überhaupt wagen sollte. Aber die eine Erwägung räumte
alle Bedenken beiseite: Wenn der Versuch gelang, so war damit ein unum=
stößlicher, objektiver Beweis erbracht. Es wurden mit den Photographien
die Ausdrucksbewegungen der Kinder wiedergegeben, Bewegungen, die
zum großen Teil, ja fast ausschließlich unwillkürliche sind, bei denen also
jede Beeinflussung von seiten des Lehrers absolut ausgeschlossen ist.

Der einzelne Versuch verlief folgendermaßen: Die Kinder waren auf=
gefordert, ihre Augen zu schließen. Nun wurde ein Bild vor sie hingestellt.
Ein Zeichen: sie öffnen die Augen und sehen nach dem Bilde. Kurze
Zeit darauf, meist nur einige Sekunden später, werden sie photographiert.

Auf allen vorliegenden Photographien zeigt sich ein einheitlicher Zug,
eine gleichmäßige, intensive Aufmerksamkeit, fast bei allen Kindern, bei
allen Bildern. Die ungünstigen Nebenumstände sind also glücklich über=
wunden, die Kinder sind ganz bei der Sache, sie „hängen" am Bilde.
Und zu diesem Erfolge war kein Disziplinarmittel notwendig, es genügte,
daß ich den Kindern sagte: Schaut euch die Bilder genau an, ihr bekommt
sie nicht wieder zu sehen!

Wenn ich die Photographien betrachte, so steigt mir immer und
immer wieder der Wunsch auf, die Kinder möchten in allen Stunden eine
so rege Teilnahme verraten, wie hier. Das wäre schon das erste wichtige
Ergebnis: die Kinder bringen den künstlerischen Bildern ein ganz inten=
sives Interesse entgegen.

Trotz des einheitlichen Zuges der Aufmerksamkeit aber, welcher
Reichtum von Gefühlsleben tritt in den Kindern zutage! Man ver=
gleiche die zwölf Abbildungen des einen Kindes (Kupfer) auf Tabelle I.
Zeigt da nicht jedes einzelne Bild seine besondere Note? Und das ist
ein Kind, das aus ganz einfachen Verhältnissen stammt: die Mutter
ist Aufwärterin. Und alle sind sie Kinder des Volkes. [2]) Aber von

[1]) Herr Nitzsche, Lehrer an der Ratsfreischule zu Leipzig, der die Aufnahmen
machte und dem ich an dieser Stelle meinen besten Dank sage.
[2]) Die Versuche wurden angestellt in der 6. Bezirksschule zu Leipzig, in einer
3. Klasse mit 11—12 jährigen Kindern. Die Leipziger Bezirksschulen, „mittlere Volks=
schulen" im Sinne des sächsischen Volksschulgesetzes, sind in den Zielen den Bürger=
schulen gleichgestellt. Die Kinder der Bezirksschulen entstammen den einfachsten Ver=
hältnissen, da es eine niedere Schulgattung in Leipzig nicht gibt.

Welche Stimmung zeigen die Kinder?

Reagent A: „Schon daß man selbst mitlachen muß, wenn man die Kinder hier sieht, das sagt genug. Sie zeigen ein Bild ausgelassener Heiterkeit, es ist ein herziges Sichauslachen. Der Gegenstand des Bildes liegt sicher ganz im Interessenkreise der Kinder, es sind ganz vertraute Gestalten. Ganz eigenartig ist, wie die Kleineren mehr aus sich herausgehen, während die Ältere (Kupfer, in der Bildmitte) sich schon etwas zurückhält. Sie scheint zu fagen: Du bist eigentlich schon drüber naus. — Vielleicht ist es eins der Casparischen Bilder."

Nach Vorlegung der zwölf Steinzeichnungen: Welches Bild entspricht am meisten der Stimmung der Kinder?

„Caspari, die Nimmersatten".

Die Nimmersatten.

der vielbesprochenen Gemütsroheit der „stumpfen Masse" ist nichts zu bemerken.[1])

Die Gemütsbewegungen müssen tiefgreifende gewesen sein, das geht daraus hervor, daß nicht allein mimische, sondern auch pantomimische Bewegungen auftreten. Unter den mimischen Bewegungen, den Erregungen der Antlitzmuskeln, stehen selbstverständlich die Bewegungen der Augenmuskulatur und des Mundes obenan, von den pantomimischen kommen für unsere Versuche die Bewegungen des Rumpfes, des Kopfes und der Hände in Betracht.

Aber nun die Haupt= und Kernfrage: Was sagen die Ausdrucks= bewegungen der Kinder über ihre Stellung zu dem einzelnen künstlerischen Bilde?

Eine eingehende Lösung der Frage würde folgendes verlangen.

Jedes Gesicht müßte in Bezug auf seine Ausdrucksbewegungen genau analysiert werden. Mit dem so gewonnenen Einzelbilde wären dann die durch bestimmte Affekte erzeugten Ausdruckstypen zu vergleichen. So könnte man das jedem einzelnen Gesichtsausdruck zu Grunde liegende Totalgefühl samt seinen Komponenten gewinnen. Es wäre dann drittens zu prüfen, wieweit in jedem Falle der Gesichtsausdruck die vom Künstler beabsichtigte Gefühlswirkung, die „Stimmung" des Bildes, richtig wiedergibt. Ein Urteil über die Stimmung des Bildes könnte natürlich nur gewonnen werden durch eine sorgfältige Analyse seiner einzelnen Form= und Farbenwerte.

Im Rahmen einer Zeitschrift kann die beschriebene Aufgabe selbst= verständlich nicht gelöst werden. Aber der heutige Stand der Mimetik schließt eine solche Behandlung überhaupt aus.

Bei der Untersuchung der menschlichen Mimik reizte — wie in der Gehirn=„Psychologie" — die Forscher von jeher das große psychologische Problem. In beiden Fällen aber liegen die Verhältnisse so kompliziert, daß viele besonnene Forscher an der Möglichkeit einer Lösung der Schwierig= keiten gezweifelt haben. So blieb das große Gebiet der Mimetik jahre= lang unbebaut.

Die ausgezeichneten Arbeiten der Wundtschen Schule, die für die Lehre von den Ausdrucksbewegungen in Betracht kommen, beschäftigen sich in der Hauptsache mit der Analyse der Gefühle, nicht der Affekte, sie haben als Gegenstand darum auch nicht die eigentlichen Ausdrucksbewegungen, sondern nur diejenigen Ausdruckssymptome, die von niederen Nerven=

---

[1]) Den größten Gefühlsreichtum zeigte ein Kind, das „wegen ungenügender Leistungen" einmal „sitzenbleiben" mußte!

zentren verſorgt werden, namentlich die Veränderungen der Innervation der Atmung, des Herzens und der Blutgefäße. Während auf dieſem Gebiete die Methodologie — durch die Arbeiten mit dem Pneumographen, dem Sphygmographen und dem Plethysmographen — bereits zu einem gewiſſen Abſchluß gelangt iſt, hat die wiſſenſchaftliche Mimetik erſt in neueſter Zeit die Ausbildung geeigneter Methoden in Angriff genommen.

Angeſichts dieſer Schwierigkeiten habe ich einen andern Weg ein= geſchlagen.

Ich legte die Kinderbilder verſchiedenen Verſuchsperſonen vor und forderte ſie zunächſt auf anzugeben, ob die auf jeder Photographie ver= einigten Kinder eine einheitliche Geſamtſtimmung zeigten. Die Frage wurde von allen Reagenten bei faſt allen Bildern bejaht.[1]) Schon daraus darf man einen Schluß ziehen. Wenn bei allen Bildern die Maſſe der Kinder eine einheitliche Grundſtimmung aufweiſt, ſo iſt es mindeſtens ſehr wahrſcheinlich, daß dieſe Grundſtimmung die richtige, d. h. diejenige iſt, die dem Künſtler ſelbſt bei ſeinem Bilde vorgeſchwebt hat. Denn es wäre ja ſeltſam, wenn alle den Künſtler in gleicher Weiſe mißverſtanden hätten. Immerhin iſt das nicht ganz ausgeſchloſſen.

Zweitens bat ich die Verſuchsperſonen, die Stimmung der Kinder zu beſchreiben und ſich ein Bild (Landſchaft oder Figurenbild) auszu= malen, das der betreffenden Stimmung entſpricht. Die Urteile folgen hier, nach den Bildern geordnet.[2])

Die Nimmerſatten. (Tabelle I)

Welche Stimmung zeigen die Kinder?

Reagent A: „Schon daß man ſelbſt mitlachen muß, wenn man die Kinder hier ſieht, das ſagt genug. Sie zeigen ein Bild ausgelaſſener Heiterkeit, es iſt ein herziges Sichauslachen. Der Gegenſtand des Bildes liegt ſicher ganz im Intereſſen= kreiſe der Kinder, es ſind ganz vertraute Geſtalten. Ganz eigenartig iſt, wie die Kleineren mehr aus ſich herausgehen, während die Ältere (Kupfer, in der Bildmitte) ſich ſchon etwas zurückhält. Sie ſcheint zu ſagen: Du biſt eigentlich ſchon drüber naus. — Vielleicht iſt es eins der Caſpariſchen Bilder.“

---

[1]) Natürlich gibt es bei vielen Bildern einzelne Kinder, von denen man ohne weiteres ſieht, daß ſie aus dem Geſamtſtimmungsbilde herausfallen. Ich bitte bei Beurteilung der Bilder ſolche Einzelfälle von vornherein auszuſchließen.

[2]) Bei den Reagenten B und C hatte ich verſäumt, gewiſſe Aufklärungen zu geben, z. B. bei dem Alpenbilde, daß das eine Kind, das die Hand hebt, ſich nicht etwa zum Worte meldet, und bei „Pappeln im Sturm“, daß verſchiedene Kinder nur deshalb zur Seite gucken, um neben den Köpfen der Voranſitzenden vorbeiſehen zu können. Die über dieſe Bilder abgegebenen Urteile der Reagenten B und C ſcheiden natürlich aus.

Reagent B: „Derb komischer Vorgang aus dem Menschenleben, sehr zum Lachen reizend, von der älteren nicht so gewürdigt wie von denen der vorderen Reihe. Vielleicht wird jemand geschlagen oder schneidet Fratzen."

Reagent C: „Größte allseitige Heiterkeit, offenbar eine charakteristisch= humoristische Szene ohne besondere Derbheit."

Reagent D: „Laute Freude. Und zwar macht man sich ein bißchen lustig. Etwas Mokantes ist dabei. Es ist ein Bild mit Kindern und Tieren, die in einem Verhältnis zu einander stehen."

Christus der Gekreuzigte. (Tabelle VIII)

Welche Stimmung zeigen die Kinder?

Reagent A: „Es ist der direkte Gegensatz zur vorigen Stimmung. (Die Nimmer= satten.) Etwas von der Heiterkeit spielt noch in den Gesichtern, die Kinder unter= drücken es."

Was heißt das, der direkte Gegensatz?

„Es hat vielleicht etwas mit der heiligen Legende zu tun, vielleicht sind Engel auf dem Bild, überhaupt etwas Frommes."

Welches Bild könnte es dann sein?

„Das Sujet dürfte nicht so kindlich sein, wie bei der ‚heiligen Nacht', vielleicht ist es der Auferstandene. — Sicher ist, daß der gezeigte Ernst etwas Konventionelles an sich hat."

Reagent B: „Der starke Umschwung der Stimmung beweist, daß etwas außer= ordentlich Packendes den letzten Eindruck völlig verdrängt hat. Sterbende oder Kranke oder allgemein trauriger Vorgang."

Reagent C: „Ein stimmungsvolles, wohl religiöses Bild, gegen das vorige völlig abstechend. Interessant die Hand= und Körperhaltungen, besonders der Vierten rechts, und die Augachsenänderung. Ziemlich alle gleich ergriffen."

Reagent D: „Die Stimmung ist entschieden ernst, und zwar ist's ein Ernst, der aus einem angenehmen Gefühl entspringt. Es ist möglich, daß eine Landschaft dieses Gefühl erwecken kann. Das zweite Kind der ersten Reihe (Herrmann) zeigt deutlich ein Bedauern." — Fällt Ihnen ein Bild ein, auf dem ein Maler eine Person mit diesem Gesichtsausdruck gemalt hat? „Auf der Raffaelschen Madonna der eine Engel." In welcher Situation wird sich eine Person befinden, die diesen Ausdruck zeigt? „Der Ausdruck hat etwas Betendes. Wie Kinder beten, nicht allzu tief= innerlich. — Das den Kindern gezeigte Bild war doch jedenfalls nicht Landschaft. Es ist zuviel Interesse da."

Blütenpracht. (Tabelle IX)

Welche Stimmung zeigen die Kinder?

Reagent A: „Vermutlich ist es eine Landschaft, etwas idyllisch. Vielleicht sind Kinder auf dem Bilde."

Reagent B: „Sehr stark interessierender Vorgang heiterer Art."

Reagent C: „Eine einfach heitere, anmutige Szene, von der ich nichts mehr sagen kann."

Reagent D: „Mäßige Freude. Es ist etwas Liebliches. Wenn es eine Land= schaft ist, dann ist es etwas, was ihnen nahe liegt, was sie kennen, also nicht etwa ein Alpenbild oder sonst etwas Fremdartiges."

Welche Stimmung zeigen die Kinder?

Reagent A: „Zwei Kinder beschäftigen sich mit der Frage: Was stellt das Bild dar? Sie sind auszuscheiden. Eine (Kupfer, in der Mitte des Bildes) zeigt einen wohl zu impulsiven Ausdruck."

Was sieht Kupfer? „Eine komische Figur! — Die anderen zeigen als Gemeinsames eine gemessen freudige Stimmung."

Nach Vorlegung der zwölf Steinzeichnungen: Welches Bild entspricht am meisten der Stimmung der Kinder? „Gänsewiese".

Reagent B: „In der vorderen Reihe ist eine auszuschalten, die Gesamtstimmung der anderen ist Heiterkeit. Es werden Menschen in humoristischer Situation auf dem Bilde fein, nicht für alle gleich verständlich. Eine feinere Komik, für die Kupfer am meisten Verständnis hat."

Welches Bild? „Gänsewiese".

Reagent C: „Die Stimmung ist heiter, einheitlich. Zwei oder drei Kinder sind auszuscheiden. Offenbar eine belebte Szene aus dem Tier= oder Menschenleben, wahrscheinlich letzteres. Eine leicht verständliche Szene "

Welches Bild?

„Gänsewiese".

Reagent D: „Es ist etwas Lebendiges auf dem Bilde, eine Staffage von Tieren, etwas nach dem Komischen. Kupfer (Bildmitte) empfindet besonders die Schönheit. Man glaubt die Kehllaute zu hören, die sie hervorbringt."

Welches Bild?

„Gänsewiese."

Gänsewiese. Von Hans von Volkmann.

Gänſewieſe. (Tabelle II)

Die Ausſagen aller vier Reagenten ſind auf Tabelle II wiedergegeben.

Wenn der Mond aufgeht. (Tabelle III)

Welche Stimmung zeigen die Kinder?

Reagent A: „Sinnig-beſchaulich. Vielleicht iſt ein Hirte abgebildet oder ein Sonnenuntergang, der aber nichts Aufregendes an ſich hat, vielleicht dazu das aus-ruhende Alter. Die Stimmung iſt gemiſcht mit Mitleid.“

Reagent B: „Ernſt. Düſtere Landſchaft oder ernſtes Genrebild ohne Auf-regendes. Mattes Intereſſe.“

Reagent C: „Ein Landſchaftsbild wohl ernſterer Stimmung. Die Stimmung iſt ziemlich einheitlich ohne Luſt oder Unluſt, nur ein gewiſſer Ernſt. Die Aufmerkſam-keit iſt nicht beſonders geſpannt.“

Reagent D: „Eindruck der Trauer. Sie ſind alle etwas ergriffen. Vielleicht iſt es eine Landſchaft, auf der etwas mit dem Tode zuſammenhängt.“

An der Tränke. (Tabelle IV)

Welche Stimmung zeigen die Kinder?

Reagent A: „Wohl ein Bild aus dem Tierleben, die Kinder zeigen etwas Anteilnahme an der Unbehilflichkeit. Es iſt nichts Aufregendes, auch nichts Komiſches, etwas Sinniges. Vielleicht iſt es ein Bild wie ‚Eichhörnchen‘, ‚Schwäne‘. Es iſt ein kleiner Vorgang, nicht eine große Sache.“

Liegt noch eine Kleinigkeit drin?

„Ein verſtecktes Lachen.“

Reagent B: „Erſtaunen erregende, menſchliche Szene, die ganz verſchieden je nach Temperament aufgefaßt wird, jedenfalls nicht ernſt iſt, jüngere mehr als ältere intereſſierend, vielleicht eine Kinderſzene.“

Reagent C: „Eine auffallende Verſchiedenheit der Stimmung bei gleicher Aufmerkſamkeit. Es ſcheint eine merkwürdige Szene zu ſein, die den Verſtändigeren ſchwer verſtändlich iſt, bei den Minderen humoriſtiſch wirkt. Ich würde auf eine Tierſzene mit Landſchaft raten, vielleicht Märchenhaftes.“

Reagent D: „Es iſt nicht bloß Landſchaft, ſondern noch mehr auf dem Bilde. Etwas, wo man weit hinaus ſieht und wo vorn etwas los iſt. Etwa wie bei dem pflügenden Bauer von Georgi.“

Eiſerne Wehr. (Tabelle V)

Welche Stimmung zeigen die Kinder?

Reagent A: „Das zweite und dritte Mädchen der vorderen Reihe ſcheiden aus. Die anderen verraten eine einheitliche Stimmung. Der leicht geöffnete Mund zeigt auf etwas dramatiſches Leben. Iſt es ein landſchaftliches Motiv, ſo iſt es freudig aufregend, iſt es figürlich, ſo könnte es etwa die Eiſerne Wehr ſein, vielleicht auch noch etwas dramatiſcher.“

Reagent B: „Ernſter Vorgang aus Menſchen- oder Tierleben, das ältere Mädchen am meiſten intereſſierend, vielleicht belehrend.“

Reagent C: „Hier würde ich überhaupt nur drei bis vier der Kinder zu-rechnen, die übrigen ſind intereſſe- und ſtimmungslos. Einen erheblichen Eindruck

Welche Stimmung zeigen die Kinder?

Reagent A: „Sinnig — beschaulich. Vielleicht ist ein Hirte abgebildet oder ein Sonnenuntergang, der aber nichts Aufregendes an sich hat, vielleicht dazu das ausruhende Alter. Die Stimmung ist gemischt mit Mitleid."

Nach Vorlegung der zwölf Steinzeichnungen: Welches Bild?

„Wenn der Mond aufgeht".

Wenn der Mond aufgeht.
Von Oskar Graf-Freiburg.

Welche Stimmung zeigen die Kinder?

Reagent A: „Wohl ein Bild aus dem Tierleben, die Kinder zeigen etwas Anteilnahme an der Unbehilflichkeit. Es ist nichts Aufregendes, auch nichts Komisches, etwas Sinniges. Vielleicht ist es ein Bild wie ‚Eichhörnchen‘, ‚Schwäne‘. Es ist ein kleiner Vorgang, nicht eine große Sache.“

Liegt noch eine Kleinigkeit drin?   „Ein verstecktes Lachen.“

Nach Vorlegung der zwölf Steinzeichnungen: Welches Bild entspricht am meisten der Stimmung der Kinder?   „An der Tränke“.

An der Tränke. Von Julius Bergmann.

macht das Bild nicht. Es ist schwer dem Inhalt nach zu bestimmen, vielleicht etwas den Kindern Merkwürdiges, Absonderliches."

Reagent D: „Die Stimmung ist freudiger wie bei dem Bilde: Wenn der Mond aufgeht. Ein reges Mitgefühl an einem Gegenstande ist vorhanden. Es ist ein Bild, wo sie sich sofort äußern."

Auf einsamer Höhe. (Tabelle VI)

Welche Stimmung zeigen die Kinder?

Reagent A: „Gesichtsausdruck und Kopfbewegung der meisten zeigt, daß sie ein ernstes Bild sehen. Aber es ist nicht eine tieftraurige Stimmung."

Was sagt das Gesicht von Kupfer? „Sie sieht ein landschaftliches Motiv. Es ist ein Hineinsehen in eine weite Ferne."

Reagent B: „Wahrscheinlich Landschaft, ruhig, wenig anregend, sonnig oder jedenfalls ganz wohltuend."

Reagent C: „Von einheitlicher Stimmung kaum zu reden, nur ein einheitlicher Zustand von Aufmerksamkeit, Besinnung. Ein schwer verständliches Bild, wie besonders die Stellung der Hände zeigt. Das erweckte Interesse ist nicht besonders groß, wohl aus Mangel an Verständnis. Das leichte Lächeln einzelner ist wohl ein Verlegenheitslachen."

Reagent D: „Sicher etwas Ernstes. Einfache, große Formen. Es ist eine Landschaft."

Das oberste Mölltal. (Tabelle X)

Welche Stimmung zeigen die Kinder?

Reagent A: „Der Ausdruck der Kupfer (Bildmitte) scheint nicht gut zu sein, Herrmann (zweites Kind der ersten Reihe) spricht. Das Bild zeigt wohl etwas Familienszene, bestimmt etwas Figürliches, da sind die Kinder zu sehr dabei. Wenn es ein landschaftliches Motiv wäre, so würde sich nicht dieses dramatische Leben zeigen, höchstens könnte es Landschaft und Tierleben sein."

Wenn es nun doch eine Landschaft wäre?

„Ich habe den Eindruck, als ob ein Knoten da wäre, der sich im nächsten Moment löste. Ist es eine Landschaft, so hat sie vermutlich furchtbares Licht oder Farbeneffekte, etwas eigentümlich Goldiges, gelb bis zum Rot. Vielleicht auch etwas Fremdartiges, wie die See, mit einem Schiff drauf."

Reagent B: — Mißverständnis.

Reagent C: — Mißverständnis.

Reagent D: „Herrmann macht: Ui! Der erhobene Arm da hinten sagt etwa: ‚Ei da oben!‘ Es ist was Feines, was ihnen kolossal gefällt, etwa ein glänzendes seidenes Kleid. Es ist etwas Figürliches."

Wenn es nun doch eine Landschaft ist?

„Dann ist es vielleicht ein Kornfeld mit Blumen, eine sonnige Landschaft."

Rumpelstilzchen. (Tabelle XI)

Welche Stimmung zeigen die Kinder?

Reagent A: „Die Stimmung ist verwandt der von Nr. 1 (Die Nimmersatten), aber keineswegs so ausgelassen, sondern eine innere Freude, die stammt aus innerem Erleben. Sie erleben es zum ersten Mal. Etwas Ironisches ist dabei. Ironisch ist ein bißchen hart, aber sie glauben der Sache nicht ganz. — Landschaft ist es auf keinen Fall."

Reagent B: „Vielleicht Stilleben mit Speisen darauf, das die Begehrlichkeit erweckt. Oder ein Gelage. Jedenfalls stark auf die Sinne wirkendes Bild mit kräftigen, hellen Farben. Kann auch Landschaft mit Obstbäumen sein."

Reagent C: „Außerordentlich lustig ohne Ausnahme, ein Figurenbild, in welchem jemand spricht oder die Komik mimischer Bewegungen ausschlaggebend ist. (Es hat wohl jemand einen etwas offenen Mund.) Die Aufmerksamkeit sehr gespannt, wie die Handstellungen zeigen."

Reagent D: „Große Heiterkeit. Es berührt sie etwas sehr nett. Es ist ein Figurenbild mit mehreren Figuren, vielleicht ein kleines Kind dabei."

Morgenrot. (Tabelle XII)

Welche Stimmung zeigen die Kinder?

Reagent A: „Das zweite Kind der ersten Reihe ist auszuschalten. Die Stimmung der andern weist auf etwas Fremdartiges, mit dem die Kinder nicht direkt vertraut sind. Es ist ein Staunen."

Wie ist das Staunen näher zu definieren? „Ein leichtes Staunen."
Und der Qualität nach? „Ein bißchen ängstlich."

Reagent B: „Sehr ernster Vorgang aus dem Menschenleben, rührend, allgemein anregend. Objekt interessierend und Erstaunen und Mitleid erregend."

Reagent C: „Ein Bild, welches eine ruhige Stimmung erweckt, die allen ziemlich gleichmäßig ist, bis auf zwei oder drei, die offenbar das Bild nicht verstehen."

Reagent D: „Eine ernstere Landschaft. Die Kinder sind ziemlich erregt. Vielleicht ist es auch ein Figurenbild mit mehreren verschiedenen Figuren. Vielleicht ein ähnliches Sujet wie bei Kampf: Einsegnung der Freiwilligen."

Pappeln im Sturm. (Tabelle XIII)

Welche Stimmung zeigen die Kinder?

Reagent A: „Es ist eine ruhigere Sache als beim vorigen Bild (Auf einsamer Höhe), die Stimmung ist einheitlich bis auf Kupfer (Bildmitte)."

Was sagen alle (ohne Kupfer)? „Die Stimmung ist heiterer als beim vorigen Bild, obgleich auch ernst."

Was sagt Kupfer? „Es ist eine bewegte Szene, es scheint, daß ein Knoten sich schürzt, halb ernst, aber der Ausgang nach der guten Seite wird erwartet."

Reagent B: Mißverständnis.

Reagent C: Mißverständnis.

Reagent D: „Etwas Ernstes. Etwas Lebendes ist auf dem Bilde, etwas zum Nachgrübeln, was zu einer Gedankenkette anregt."

Am Ende der Untersuchung, nachdem alle Stimmungen beschrieben worden waren, zeigte ich den Versuchspersonen die zwölf den Kindern vorgelegten Bilder und ersuchte sie, jedes Bild derjenigen Photographie zuzuteilen, die am meisten der Stimmung des Bildes entspricht.

Das Resultat war ein verblüffendes, besonders bei dem Reagenten A. Die meisten Bilder wurden sehr schnell richtig eingeordnet, nur wenige erst nach längerem Schwanken, aber alle richtig.

Man wird geneigt fein, diefem Ergebnis die größte Beweiskraft zu=
zufprechen, aber ich muß geftehen, daß für mich der vorhergehende Ver=
fuch von viel größerer Bedeutung ift, das reine Befchreiben der
Stimmung, wobei die Verfuchsperfonen noch keine Ahnung hatten, welche
Bilder gezeigt worden waren.

Intereffant ift, wie Reagent A fich mit der fchwierigen Aufgabe
abfindet. Man vergleiche dazu die Ausfagen über das Bild „Rumpel=
ftilzchen". Wie da zuerft die Stimmung ganz allgemein charakterifiert
wird: „Die Stimmung ift verwandt der in Nr. 16" (nach der dort ge=
gebenen Erklärung alfo eine freudige). Dann wird die Freude näher
definiert: „Nicht fo ausgelaffen, aus innerem Erleben ftammend." Dann
das Staunen darin: „Sie erleben es zum erften Mal." Und weiter:
„Etwas Ironifches ift dabei." Das wird nun eingefchränkt: „Ironifch
ift ein bißchen hart, aber fie glauben der Sache nicht ganz." Und
endlich das kategorifche Urteil, das für einen, der als Zeichenlehrer
felbft künftlerifch tätig ift, nunmehr felbftverftändlich ift: „Landfchaft ift
es auf keinen Fall."

Nach einer fo ausgezeichneten Befchreibung ift es eigentlich felbftver=
ftändlich, wenn bei Vorzeigung der Bilder die richtige Wahl ge=
troffen wird.

Eigentümlich bei diefer Methode, die fich bei vielen Bildern wieder=
holt, ift das Ausgehen von einem Totalgefühl, das dann durch einzelne
Komponenten näher beftimmt wird bis vor das Auge des Künftlers
mit Deutlichkeit ein Sujet tritt, das der genau definierten Stimmung
entfprechen würde.

Reagent A war allen anderen gegenüber dadurch im Vorteil, daß
er Lehrer war, alfo die Mimik der Kinder am genaueften kannte. Ich
legte aber Wert darauf, daß auch andere Verfuchsperfonen fich über die
Bilder ausfprachen, denen Kinder, und namentlich die Kinder unferer
einfachen Volksfchulen, fehr wenig bekannt waren. Es beteiligten fich
eine Dame, eine Gelehrter und ein Künftler. [1]

Reagent D hat die Aufgabe in beinahe ebenfo ficherer Weife gelöft,
wie A. Die einzelnen Ausfagen über die Mimik der Kinder kamen hier
erft nach außerordentlich mühevoller, ftundenlanger Vertiefung. Sowie
aber der Reagent die zwölf Steinzeichnungen fah, erkannte er bei etwa
fechs Bildern fofort die zugehörige Photographie, fchneller als A. Die

---

[1] Es ift mir eine angenehme Pflicht, allen Beteiligten meinen beften Dank
auszufprechen, insbefondere Frau Dr. Brahn, ebenfo Herrn Privatdozent Dr. Brahn,
Herrn Gewerbefchullehrer Lindemann und Herrn Kunftmaler Horft Schulze.

Welche Stimmung zeigen die Kinder?

Reagent A: „Das zweite und dritte Mädchen der vorderen Reihe scheiden aus. Die anderen verraten eine einheitliche Stimmung. Der leicht geöffnete Mund zeigt auf etwas dramatisches Leben. Ist es ein landschaftliches Motiv, so ist es freudig aufregend, ist es figürlich, so könnte es etwa die ‚Eiserne Wehr' sein, vielleicht auch noch etwas dramatischer."

Nach Vorlegung der zwölf Steinzeichnungen: Welches Bild entspricht am meisten der Stimmung der Kinder?   „Eiserne Wehr".

Eiserne Wehr. Von Angelo Jank.

andern fechs machten mehr Schwierigleiten. Im ganzen wurden acht
richtig erkannt, in zwei weiteren Fällen fchwankte er zwifchen dem
richtigen und einem falfchen Bilde, und nur in zwei Fällen war das
Urteil falfch.[1]

Bei den Reagenten B und C haben die äußerlichen Mißverftänd-
niffe, die durch meine Schuld entftanden waren, natürlich die richtige
Auswahl der Bilder bedeutend erfchwert, ja beinahe zur Unmöglichkeit
gemacht. B hat vier, C drei Bilder richtig beftimmt. Die Befchreibung
der einzelnen Stimmung ift aber meift zutreffend, oft ganz ausgezeichnet,
die den verfchiedenen Photographien zuerteilten falfchen Bilder waren
infolgedeffen auch meift in der Stimmung ganz verwandt.

Es wurden richtig beftimmt:

in allen 4 Fällen: „Gänfewiefe".

„ $3^1/_2$[2] „   „Chriftus" — „Rumpelftilzchen".

„   3   „   „Das obere Mölltal".

„ $2^1/_2$ „   „Morgenrot".

„   2   „   „Die Nimmerfatten" — „Blütenpracht"[3] —
          „An der Tränke"[4] — „Pappeln im Sturm".[5]

Von diefen 9 Bildern kann man wohl ohne weiteres behaupten, daß
die Kinder ihren Stimmungswert erfaßt haben müffen.

Es bleiben nun noch die Bilder „Auf einfamer Höhe" — „Wenn
der Mond aufgeht" — „Eiferne Wehr".

„Eiferne Wehr" ift nur einmal richtig erkannt, und man könnte
geneigt fein, dem Urteile des Reagenten C zuzuftimmen, daß das Bild
den Kindern überhaupt kein Intereffe abgewann. Dagegen fpricht aber
doch, daß A gerade bei diefem Bilde, nach einer guten Befchreibung der
Stimmung, fofort auf das richtige Bild riet, noch ehe er wußte, welche
Bilder vorgelegt worden waren. Immerhin gibt auch A zu, daß mehrere
Kinder auszufcheiden find.

---

[1] Bei der Photographie zu „Wenn der Mond aufgeht" wurde aus den ernften
Gefichtern auf das Chriftusbild gefchloffen und bei „Eiferne Wehr" fchwankte die
Entfcheidung zwifchen „Wenn der Mond aufgeht" und „Auf einfamer Höhe".

[2] D. h. drei Reagenten erkannten das richtige Bild, einer fchwankte zwifchen
dem richtigen und einem falfchen.

[3] Die falfch urteilenden Reagenten B und C gaben hier doch fehr gute Be-
fchreibungen der Stimmung.

[4] Bei A und D ift die Stimmung fo ausgezeichnet befchrieben, das Sujet fo
treffend ausgemalt, daß die abweichenden Auffagen von B und C das bejahende
Urteil nicht aufheben können.

[5] Mißverftändnis bei B und C.

Welche Stimmung zeigen die Kinder?
Reagent A: „Gesichtsausdruck und Kopfbewegung der meisten zeigt, daß sie
    ein ernstes Bild sehen. Aber es ist nicht eine tieftraurige Stimmung."
Was sagt das Gesicht von Kupfer? „Sie sieht ein landschaftliches Motiv. Es
    ist ein Hineinsehen in eine weite Ferne."
Nach Vorlegung der zwölf Steinzeichnungen: Welches Bild entspricht am meisten
der Stimmung der Kinder?
    Schwanken zwischen „Einsame Höhe" und „Wenn der Mond aufgeht."
Entscheidung: „Auf einsamer Höhe".
Reagent D: „Sicher etwas Ernstes. Einfache, große Formen. Es ist eine
    Landschaft."
Welches Bild?

    „Wenn der Mond aufgeht" oder „Auf einsamer Höhe".

Auf einsamer Höhe. Von Hermann Daur.

Beim Bilde „Auf einsamer Höhe" hat A richtig geurteilt, D schwankte zwischen „Wenn der Mond aufgeht" und „Auf einsamer Höhe", während B und C auf „Pappeln im Sturm" rieten, eine ähnliche Stimmung. A hat sich bei Bestimmung dieser Bilder, die besonders schwierig war, weil sehr viel ähnliche ernste Stimmungen vorlagen, in der Hauptsache von dem älteren Kinde (Bildmitte) leiten lassen und dabei stets das Richtige getroffen. Das scheint darauf hinzudeuten, daß solche Stimmungen einer höheren Altersstufe angemessen sind. — Die eine vom Künstler be= absichtigte Wirkung ist jedenfalls in vollem Maße erzielt worden. Durch die energische Betonung der Horizontalen (in Linie und Farbe) zwingt er den Blick, sich nach den Seiten auszubreiten und erzeugt so — bei einigen Kindern — die parallel gerichteten Pupillen, den in die Ferne starrenden Blick, woran auch A das landschaftliche Motiv erkannte und bestimmte. Dieses Auseinanderziehen der Augachsen scheint etwas sehr Äußerliches zu sein, ist es aber durchaus nicht. Es ist ein Hauptgesetz der Affektlehre, daß eine irgendwie erzeugte Änderung in der Innervation eines Muskels einen vorhandenen Affekt selbst wieder beeinflußt. Gelingt es also einem Künstler — durch künstlerische Mittel, die natürlich nicht von ihm physiologisch vorbedacht sind, sondern seinem künstlerischen Takte ent= springen — die Augachsen auseinanderzuziehen, so entsteht eben dadurch in uns das Gefühl eines Hineinsehens in eine weite, unendliche Ferne.

Endlich das Bild „Wenn der Mond aufgeht". Alle Reagenten haben die Stimmung gut beschrieben, D las große Traurigkeit aus den Gesichtern und stimmte infolgedessen für „Christus", B und C für „Eiserne Wehr". — — —

Über manche Einzelheit, die ich hier anführte, mag man verschiedener Meinung sein, im allgemeinen aber scheinen mir die Aussagen der Ver= suchspersonen so überzeugend, daß ich es für überflüssig halte, sie alle einzeln durchzugehen und mich auf das Urteil jedes Lesers berufe. Es ist ein Sieg auf der ganzen Linie. — — —

Für die Kollegen aber, die Gelegenheit haben, sich in gründlicherer Weise mit der vorliegenden Frage zu befassen, als ich es tun konnte, will ich noch einige Gesichtspunkte andeuten, die meiner Meinung nach für weitere Untersuchungen in Betracht kommen könnten.

Jedem Affektverlauf liegen einfache Gefühle zugrunde, von denen meist ein bestimmtes so stark hervortritt, daß es dem Affekte sein be= sonderes Gepräge verleiht. Jedes einzelne Gefühl aber ist differenziert nach drei Richtungen hin, nach Lust—Unlust, Erregung—Beruhigung, Spannung—Lösung. So kann ein einzelnes Gefühl in sich vereinigen

Mimik des Süfsen: Zucker.

Mimik des Sauern: Zitrone.

Mimik des Bittern: Aloe.

Luft, verbunden mit Erregung und mit Spannung (der Aufmerksamkeit) — und so fort in jeder beliebigen Kombination.

Für alle Verbindungen geben die vorliegenden Kinderbilder gute Illustrationen. Nur in einer Beziehung sind sie einseitig. Wie bereits gesagt, stehen die Kinder überall unter dem Eindruck einer gespannten Aufmerksamkeit, und es sind, da es sich um Gesichtseindrücke handelt, selbstverständlich die um die Augen angeordneten Muskelpartien des Kopfes, die dadurch bei allen Bildern eine gewisse Einförmigkeit erhalten.

Im übrigen aber treten alle möglichen Verbindungen auf:

Beruhigung, verbunden mit Luft (Tab. IV)

„ „ „ Unluft (Tab. III, V, VI)

Erregung, „ „ Luft (Tab. I, II, X, XI)

„ „ „ Unluft (Tab. XII, XIII)

Für die qualitative Verschiedenheit der Affekte (Luft — Unluft) kommt besonders die Mimik des Mundes in Betracht.

Die Muskulatur des Mundes übt sich von frühester Jugend an im Zusammenhang mit den Geschmacksreizen. Auf Süß reagiert die Zunge durch schwache Vorwärtsbewegungen, Annäherungen an den willkommenen Geschmacksreiz, bei geschlossenem Munde. Bei Bitter und Sauer aber öffnet sich der Mund und zieht sich breit, um dem unangenehmen Stoff den Austritt aus dem Munde zu ermöglichen. Diese für die Selbst= erhaltung so wichtigen Reflexe bleiben fürs ganze Leben und sind infolge von Assoziationen die entscheidenden Symptome geworden für die Affekte der Luft (süß) und Unluft (sauer, bitter). Diese Assoziationen greifen auf alle Sinnesgebiete über, wir reden von süßen Tönen und Farben.

Um die Mimik des Süßen, Sauern und Bittern für unsere Kinder= gesichter festzulegen, gab ich ihnen Zucker, Zitrone und Aloe zu schmecken. (Tab. VII.) Bei dem ersten Kinde links ist die Mimik in allen drei Fällen ausgezeichnet. Man vertiefe sich in den Ausdruck des Gesichtes, und man wird jeden einzelnen Stoff mitschmecken! Wem die überzeugend wiedergegebene Mimik des Bittern befremdlich sein sollte, den bitte ich, eine Aloepille zu nehmen: er wird alles verstehen. Die Mimik des Süßen ist bei allen Kindern vorzüglich und genau dem Gesichtsausdruck des milchschmeckenden Säuglings entsprechend, bis auf den entzückten Augen= aufschlag.

Sucht man nun unter den zwölf Kinderphotographien nach dem= jenigen, wo der Gesichtsausdruck sich am meisten dem des Süßen annähert, so wird man gewiß auf das Bild Tabelle IX zukommen.

Welche Stimmung zeigen die Kinder?

Reagent A: „Es ist der direkte Gegensatz zur vorigen Stimmung (die Nimmersatten). Etwas von der Heiterkeit spielt noch in den Gesichtern, die Kinder unterdrücken es." — Was heißt das, der direkte Gegensatz?

„Es hat vielleicht etwas mit der heiligen Legende zu tun, vielleicht sind Engel auf dem Bild, überhaupt etwas Frommes." — Welches Bild könnte es dann sein?

„Das Sujet dürfte nicht so kindlich sein, wie bei der ‚heiligen Nacht‘, vielleicht ist es der Auferstandene. — Sicher ist, daß der gezeigte Ernst etwas Konventionelles an sich hat."

Nach Vorlegung der zwölf Steinzeichnungen: Welches Bild entspricht am besten der Stimmung der Kinder? „Christus der Gekreuzigte".

Reagent B: „Der starke Umschwung der Stimmung beweist, daß etwas außerordentlich Packendes den letzten Eindruck völlig verdrängt hat. Sterbende oder Kranke oder allgemein trauriger Vorgang." Welches Bild? „Christus der Gekreuzigte".

Reagent C: „Ein stimmungsvolles, wohl religiöses Bild, gegen das vorige völlig abstechend. Interessant die Hand- und Körperhaltungen, besonders der Vierten rechts und die Augachsenänderung. Ziemlich alle gleich ergriffen." Welches Bild? „Christus der Gekreuzigte".

Welche Stimmung zeigen die Kinder?
Reagent A: „Vermutlich ist es eine Landschaft, etwas idyllisch. Vielleicht sind
Kinder auf dem Bilde."
Nach Vorlegung der zwölf Steinzeichnungen: Welches Bild entspricht am meisten
der Stimmung der Kinder?   „Blütenpracht".

Mimik des Süfsen: Zucker.

Bitter: Aloe

Süfs: Zucker.

Blütenpracht. Von Karl Biefe.

Unter allen zwölf Steinzeichnungen aber ist das Bild „Blütenpracht" dasjenige, das man als das „süßeste" bezeichnen muß! Und dieses Bild ist es eben, auf das die Kinder mit „süß" reagierten. [1] Aus den Gesichtern las Reagent C ab: „Eine einfach heitere, anmutige Szene, von der ich nichts mehr sagen kann." Interessant ist die Wendung: „ — von der ich nichts mehr sagen kann," die niemals wiederkehrt, auch nicht in ähnlicher Form. Es war eben nichts, absolut nichts aus den Gesichtern zu lesen, als etwas Anmutiges, Heiteres, Süßes. Und nun möchte ich einmal den Künstler selbst fragen — der übrigens nicht bloß süße Bilder zu malen versteht, sondern in alle Tiefen und Höhen des Ausdrucks hinauf= und hinabzusteigen versteht — ob er nicht bei diesem Bilde wirklich weiter nichts geben wollte als eine Häufung von süßen, lieblichen Eindrücken. Dann hätten die Kinder sein Bild völlig verstanden.

Die Mimik des Bittern glaube ich wiederzufinden in dem Bilde Tabelle VIII [2]). Sicher würde die Übereinstimmung eine noch größere sein, wenn ich die Mimik des Bittern auch bei schwach bitteren Stoffen festgelegt hätte. Ich empfehle für weitere Untersuchungen eine derartige Versuchsreihe.

Mit dem Zug des Bittern verbindet sich in den Gesichtern der Tabelle VIII der entzückte Augenaufschlag bei mehreren Kindern, also eine Annäherung an die Mimik des Süßen. Diese Verbindung des süßen und bitteren Zuges scheint mir das Charakteristikum der schmerzvollen Andacht zu sein. [3])

---

[1]) Man vergleiche die auf Tabelle IX unter der Hauptphotographie gegebene Abbildung der drei Kinder (Mimik des Süßen: Zucker) und das kleine Bild unten rechts (Süß: Zucker) mit den entsprechenden Köpfen oben, das letztere besonders auch mit dem Gesicht eines Kindes der letzten Reihe, über der Nr. 20, das auch süß schmeckt.

[2]) Man vergleiche den auf Tabelle IX unten links wiedergegebenen Kopf Bitter: Aloe) mit dem entsprechenden Gesicht in Tabelle VIII, besonders auch mit dem Gesicht des mittleren Kindes der zweiten Reihe, ferner das zweite Kind (von inks) der ersten Reihe mit dem halbgeöffneten Munde.

[3]) Darauf weist auch die seltsam klingende Aussage des Reagenten D hin: „ — ein Ernst, der aus einem angenehmen Gefühl entspringt". Man vergleiche ferner ie von mir gegebenen Abbildungen unten am Christusbilde, das Bild links mit der Photographie des zweiten Kindes der ersten Reihe und das Bild rechts mit der Photographie des vierten Kindes. Die Bilder unten sind aus Duchenne, Mécanisme de la physiognomie humaine und zwar das Bild links unter der Überschrift: la prière avec douleur extrême, du côté gauche de la face, et la prière extatique, du côté droit — das Bild rechts: la prière douloureuse, avec résignation, du côté gauche de la face, et la prière avec un peu de tristesse, du côté droit. Auf Duchennes Methode werde ich noch kurz eingehen.

Jeder wird seine Freude haben an der einfachen, natürlichen Andacht unserer Kindergesichter, wenn ihr auch ein gut Teil Konventionelles anhaftet. So hat Raffael die Andacht gemalt![1])

Nun möchte ich einmal mit dem photographischen Apparat hineinleuchten in unsere Religionsstunden, wenn unsere Kinder ihre Sprüche hersagen. Ich bezweifle, daß er auch nur ein einziges Mal den Ausdruck der Andacht wiedergeben würde. Ach, es bedarf der photographischen Aufnahme nicht! Der Tonfall dieser „Andachtsübungen" spricht so deutlich wie eine Photographie. — — —

Interessant ist auch bei diesem Bilde die künstlerische Lösung des Problems. Der Maler wählt ein auffallend großes Format. Dadurch wird schon eine besonders wuchtige Wirkung erzielt. Dann die düstere Farbe, das gibt das Ernste, Bittere. Und endlich das hochgerichtete Kreuz — nicht umsonst ist es das Symbol einer großen Glaubensgemeinschaft geworden — das gibt den andachtsvoll nach oben gerichteten Augenaufschlag.

Nun noch einige Einzelheiten zu dem Kapitel Erregung und Beruhigung.

Beruhigende Affekte sind hauptsächlich hervorgerufen worden durch die Bilder Tabelle III, IV, V, VI. Lag diese Wirkung aber in allen vier Fällen nicht auch in der Absicht des Künstlers?

Interessant ist dabei die Bestätigung der psychologischen Beobachtung, daß solche Affekte fast stets mit Unlust verbunden sind. Nur bei dem Bilde „An der Tränke" (Tab. IV) treten schwache Lustgefühle auf. — Am größten ist die Beruhigung bei dem Bilde „Wenn der Mond aufgeht", und hier findet sich auch die ernsteste Stimmung.

Physiologisch betrachtet entsteht die Beruhigung durch Hemmung jeglicher Muskelerregung, so daß alle Glieder in eine bestimmte „Ruhelage" zurückkehren. Der Mund erscheint beispielsweise dann leicht geschlossen. So finden wir ihn bei dem Bilde „Wenn der Mond aufgeht" fast bei allen Kindern, ähnlich bei den andern Bildern.

Auf die Körpermimik im Zustande der Beruhigung werde ich später eingehen.

Der Zustand der Erregung ist, da er sich mit den Zuständen der Lust und Unlust verbinden kann, einer größeren Variation fähig.

Duchenne hat in seinem bekannten Buche in überzeugender und ausführlicher Weise gezeigt, wie man durch Erregung bestimmter Muskel-

---

[1]) Die Versuchsperson D sagte: „Das zweite Kind erinnert an Raffaels Engel beim Madonnenbild" und „der Ausdruck hat etwas Betendes."

partien in einem Gefidt den Ausdruck eines gewiffen erregenden Affektes — verbunden mit Luft oder Unluft — erzeugen kann. Der alte Mann in der Abbildung 3[1]) der Tabelle XI lacht nicht etwa wirklich, es werden lediglich beftimmte Muskeln feines Geficltes durch den elektrifchen Strom gereizt. Das erzeugt den Anfchein eines erregenden Luftaffekts. Der Frauenkopf Figur 1[1]) Tabelle XI ift rechts und links an verfchieden liegenden Stellen des Geficltes gereizt. Deckt man fich die Hälfte des Geficltes ab, fo fieht man auf jeder Geficltshälfte einen erregenden Affekt und zwar auf der einen Seite Luft, auf der anderen Unluft. An dem enthäuteten Kopf, Figur 4[2]) Tabelle XI kann man leicht erkennen, welche Muskelpartien für die Luft= und Unluftwirkung etwa in Betracht kommen.

Die Kindergefichter in Tabelle XI und XII find typifche Beifpiele für Erregung, verbunden mit Luft (XI) und Unluft (XII).[3])

Befonders auffällig ift die ftarke Erregung der Kinder vor dem Alpen= bilde (Tab. X), aus der alle Beobachter fchloffen, daß es fich um ein Figurenbild handelte. Es zeigt fich hier recht deutlich die ftarke Wirkung rein malerifcher Qualitäten. Auf die Frage: Und wenn es nun doch eine Landfchaft wäre? antwortet A: „Dann hat fie vermutlich furchtbares Licht oder Farbeneffekte, etwas eigentümlich Goldiges, gelb bis zum Rot." Damit fcheint er das Richtige getroffen zu haben. Man vergleiche dazu das Bild mit feiner gewaltigen Farbwirkung (im Original!), das goldige Grün des Vordergrundes und wie es der Maler durch den blaugrünen Schatten vorn und durch die breiten Schattenftreifen der Berge noch be= fonders hervorhebt, ebenfo wie er durch den tiefblauen Himmel die goldigen Bergfpitzen zu größter Wirkung bringt. — — — — — —

Für pantomimifche Bewegungen lagen die Verhältniffe ungünftig. Wir töten ja fyftematifch alle Bewegung durch unfer Stillefitzen und Händefalten in der Schule. Darum hat fich auch die Pantomime in unfern Verfuchen faft nie zu der hinweifenden oder darftellenden Gebärde erhoben. Aber für die Zuftände der Erregung und Beruhigung find die vorhandenen Körperbewegungen um fo wichtiger, als nun hier auf keinen Fall mehr von „Verftellung" geredet werden kann.

[1]) Aus Duchenne, Mécanisme de la physiognomie humaine.
[2]) Aus Dr. H. V. Heller, Grundformen der Mimik des Antlitzes. Wien 1902, A. Schroll & Co. (Subventioniert vom k. k. Min. f. K. und Unt.)
[3]) Man vergleiche den zufammengepreßten Mund der erften Schülerin links auf der Tabelle XII mit der Abbildung 2 auf Tabelle XI, die Duchenne als expression de cruauté (lady Macbeth) bezeichnet — und mit einer Abbildung aus Darwin, Ausdruck der Gemütsbewegungen: Nr. 5 auf Tabelle XI, von Darwin Ausdruck der Indignation genannt.

Welche Stimmung zeigen die Kinder?

Reagent A: „Der Ausdruck der Kupfer (Bildmitte) scheint nicht gut zu sein, Herrmann (zweites Kind der ersten Reihe) spricht. Das Bild zeigt wohl etwas Familienszene, bestimmt etwas Figürliches, da sind die Kinder zu sehr dabei. Wenn es ein landschaftliches Motiv wäre, so würde sich nicht dieses dramatische Leben zeigen, höchstens könnte es Landschaft und Tierleben sein."

Wenn es nun doch eine Landschaft wäre?

„Ich habe den Eindruck, als ob ein Knoten da wäre, der sich im nächsten Moment löste. Ist es eine Landschaft, so hat sie vermutlich furchtbares Licht oder Farbeneffekte, etwas eigentümlich Goldiges, gelb bis zum Rot. Vielleicht auch etwas Fremdartiges, wie die See mit einem Schiff drauf."

Nach Vorlegung der zwölf Steinzeichnungen: Welches Bild entspricht am meisten der Stimmung der Kinder? „Das oberste Mölltal".

Das oberste Mölltal mit Heiligenblut und dem Großglockner.

Reagent A: „Die Stimmung ist verwandt der von Nr. 16 (die Nimmersatten), aber keineswegs so ausgelassen, sondern eine innere Freude, die stammt aus innerem Erleben. Sie erleben es zum erstenmal. Etwas Ironisches ist dabei. Ironisch ist ein bißchen hart, aber sie glauben der Sache nicht ganz — Landschaft ist es auf keinen Fall." Nach Vorlegung der zwölf Steinzeichnungen:

1

2

Welches Bild entspricht am meisten der Stimmung der Kinder? „Rumpelstilzchen".

Rumpelstilzchen.

3

4

5

Welche Stimmung zeigen die Kinder?
Reagent A: „Das zweite Kind der erſten Reihe iſt auszuſchalten. Die Stim-
mung der anderen weiſt auf etwas Fremdartiges, mit dem die Kinder nicht
direkt vertraut ſind. Es iſt ein Staunen."
Wie iſt das Staunen näher zu definieren? „Ein leichtes Staunen."
Und der Qualität nach? „Ein bißchen ängſtlich."
Nach Vorlegung der zwölf Steinzeichnungen: Welches Bild entſpricht am meiſten
der Stimmung der Kinder?
„Morgenrot".

Morgenrot. Von Robert Haug.

Reagent D: „Eine ernſtere Landſchaft. Die Kinder ſind ziemlich erregt. Vielleicht
iſt es auch ein Figurenbild mit mehreren verſchiedenen Figuren. Vielleicht
ein ähnliches Sujet wie bei Kampf: Einſegnung der Freiwilligen."
Welches Bild? „Morgenrot".

Welche Stimmung zeigen die Kinder?

Reagent A: „Es ist eine ruhigere Sache als beim vorigen Bild (‚Einsame Höhe'), die Stimmung ist einheitlich bis auf Kupfer (Bildmitte)."

Was sagen alle (ohne Kupfer)? Die Stimmung ist heiterer als beim vorigen Bild, obgleich auch ernst.

Was sagt Kupfer? Es ist eine bewegte Szene, es scheint, daß ein Knoten sich schürzt, halb ernst, aber der Ausgang nach der guten Seite wird erwartet.

Nach Vorlegung der zwölf Steinzeichnungen: Welches Bild entspricht am meisten der Stimmung der Kinder?

Schwanken zwischen: „Wenn der Mond aufgeht", „Einsame Höhe", „Pappeln im Sturm". Entscheidung:

„Pappeln im Sturm".

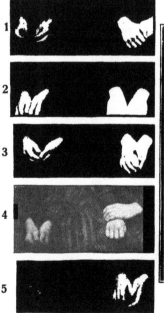

Pappeln im Sturm.
Von Gustav Kampmann.

Bei den kleinen Damen gibt's gewiß schon hier und da eine schau=
spielerische Anlage zu bemerken, aber soweit geht es doch glücklicher=
weise noch nicht, daß ihre schauspielerische Fähigkeit sich bis auf die
Haltung von Kopf, Körper und Händen erstreckte. Wußten sie auch
wohl, daß sie photographiert wurden, so hatten sie doch ganz gewiß
keine Ahnung davon, daß auch ihre Kopf= und Körperhaltung von
ihrem Innenleben erzählen, daß auch ihre Hände reden würden.

Auf der Tabelle III gebe ich zwölfmal den Kopf der Ersten der
Klasse, einer klugen und wohlerzogenen Schülerin, die ihre Gesichtsmuskeln
schon ziemlich in der Gewalt hat, so daß meist nur der Mund noch mit=
spricht. Die Kopfhaltung aber gibt fast jedesmal ein deutliches Bild der
Stimmung. Mit Rumpelstilzchen (Nr. 1) beginnt die Reihe: Größte
freudige Erregung, der Kopf energisch gehoben bei größter Spannung
der Halsmuskeln, der Mund kräftig breitgezogen. Dann folgen mit
immer schwächer werdender freudiger Erregung: Die Nimmersatten
(Nr. 2), die Gänsewiese (Nr. 3) und Blütenpracht (Nr. 4). In dem=
selben Maße, als die Mundmuskulatur erschlafft, so daß von dem herz=
haften Lachen nur noch ein süßes Lächeln übrig bleibt, in demselben
Maße lockern sich auch die Halsmuskeln, und der Kopf beginnt sich lang=
sam zu neigen.

Die unterste Reihe: An der Tränke (Nr. 9), Wenn der Mond auf=
geht (Nr. 10), Christus (Nr. 11), Morgenrot (Nr. 12) zeigt das umge=
kehrte Verhältnis. Bei 10 und 11 leichtgeschlossener Mund, hängender
Kopf: völlige Beruhigung. Bei 11 beginnt das Heben des Kopfes, bei
12 (Morgenrot) arbeiten die Halsmuskeln beinahe ebenso stark, wie bei
Nr. 1 und geben in Verbindung mit der Erregung gewisser Mundmuskeln
das Bild größter Erregung, verbunden mit Unlust.

Auf der Tabelle XIII habe ich eine Reihe sprechender Hände zu=
sammengestellt.

Eine gewisse Ähnlichkeit bieten Nr. 1 und 5. In Nr. 5 bemerkt
man bei drei Kindern ein behagliches Abtasten mit den Fingerspitzen,
bei Nr. 1 zeigt wenigstens ein Kind das Bild des äußersten Behagens:
hier genügen gerade alle zehn Fingerspitzen, um der angenehmen
Stimmung Ausdruck zu geben.

Solche Bewegungen scheinen mir der Ausdruck nicht eines Affekts,
sondern eines einfachen sinnlichen Gefühls zu sein. Die sinnliche Er=
regung, die zunächst durch das Gebiet der Gesichtseindrücke ihren Ein=
gang fand, hat auf die Haut übergegriffen, und es werden die empfind=
lichsten Teile der Hautoberfläche, die Fingerspitzen, in Tätigkeit gesetzt.

Und auf welche Bilder wird man raten? Es ist das farbenfreudige Alpenbild (bei Nr. 1) und das Bild „An der Tränke" (bei Nr. 5).

Wie ganz anders arbeiten die Hände in Nr. 3 und 4. Welche Energie in der geballten Fauſt oder in dem kräftig ſtreichenden Daumen der rechten Hand! Bei Nr. 3 ſind die Hände der dritten Schülerin ganz verſchwunden, ſie ſind gehoben und über der Bruſt verſchränkt. Es ſind die beiden Bilder größter Erregung, ernſter Erregung (Nr. 3: Morgen= rot) und freudiger (Nr. 4: Rumpelſtilzchen).

Den völligen Gegenſatz ſehen wir in Nr. 2. Dies ruhige Anein= anderlegen der beiden Handflächen, man möchte faſt ſagen, es ſei das manus dare der Römer, das willige Sichgefangengeben dem Eindruck des Bildes gegenüber, die gänzliche Beruhigung. Es iſt das Bild „Wenn der Mond aufgeht".

In Tabelle XIV habe ich endlich noch ein Kind in ganzer Figur in allen zwölf Situationen abgebildet. Der auf vielen Bildern ganz ähn= liche Geſichtsausdruck könnte uns leicht zu dem Urteil verleiten, als ob es ſich den Bildern gegenüber ſtumpf verhalten hätte. Aber die Mimik des Körpers und der Hände redet eine andere Sprache. Nr. 1 und 2 (Rumpelſtilzchen und Alpen) zeigen den Unterſchied zwiſchen freudiger Erregung und Beruhigung beſonders deutlich. Bei Nr. 1 das Sichſtrecken des Körpers — den Kopf nach oben und die Hände nach unten — und das Ballen der Hände. Bei Nr. 2 das Zuſammenſinken des Körpers, das Anziehen der Ellenbogen und das Taſten der Finger.

Beſonders wichtig ſind mir die Bilder 7 und 8 (Wenn der Mond aufgeht und Pappeln im Sturm). Wenn man nur den Kopf zu Rate zieht, wird man ſagen, die beiden Bilder haben ganz gleichmäßig ge= wirkt. Aber die Mimik des Körpers verrät uns den wirklichen Sach= verhalt. Bei Nr. 7: die aneinandergelegten Handflächen, der zuſammenge= ſunkene Körper: Beruhigung — und bei den Pappeln (Nr. 8) der be= deutend (um eine halbe Fingerlänge) aufgerichtete Körper und der energiſch den Ballen ſtreichende Daumen: ſtarke Erregung.

Es iſt mir wichtig, daß ein ſolcher Unterſchied gerade bei dieſen Bildern ſich zeigt. Es ſind zwei Landſchaften, beides ernſte Stimmungen, aber welche Verſchiedenheit in der Gefühlswirkung, genau in der vom Künſtler beabſichtigten Richtung! Nun ſage man nicht mehr, daß unſere Kinder eine Landſchaft nicht verſtehen könnten. Wenn ſie auch mit dem Munde ihrem Gefühl keinen Ausdruck geben können, Körper und Hände reden eine deutliche Sprache.

Vergleicht man die Bilder freudiger Erregung (Nr. 1: Rumpelſtilzchen,

Erregung   Beruhigung   Erregung

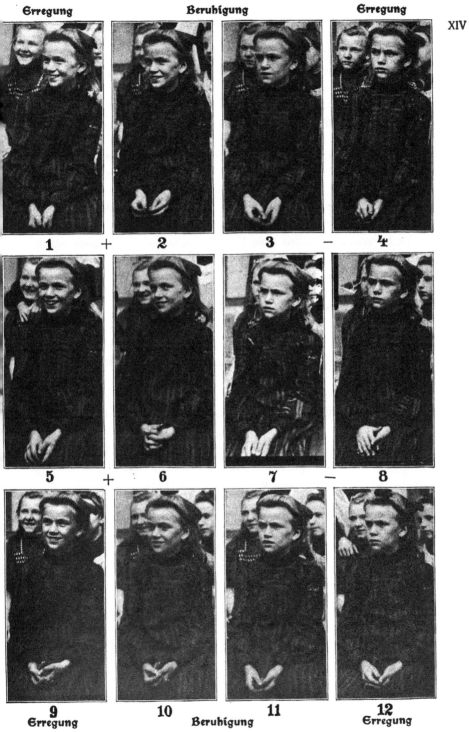

1   +   2   3   −   4

5   +   6   7   −   8

9   10   11   12

Erregung   Beruhigung   Erregung

Nr. 5 die Nimmerfatten, Nr. 9 Gänfewiefe) mit den rechtsftehenden ernfter Erregung (Nr. 4 einfame Höhe, Nr. 8 Pappeln im Sturm, Nr. 12 Morgenrot), fo wird es auffallen, wie bei der ernften Erregung ftets die rechte Seite (die rechte Fauft oder der rechte Daumen) obenauf ift. Die Innervation fährt hier ftärker in die Seite, die für die Abwehr eines unangenehmen Eindrucks wegen ihrer größeren Kraft immer be= vorzugt wird. Bei der freudigen Erregung aber find die Hände gleich= geordnet, ja es überwiegt in den meiften Fällen die linke Seite. (Ein einziges Mal hat das Mädchen die Hände vorfchriftsmäßig gefaltet [Nr. 6], und es ift höchft verdächtig, daß fie gerade in diefem einzigen Falle abfolut „unaufmerkfam" ift. Sie fieht nämlich überhaupt nicht nach dem Bilde, fondern lugt nach dem photographifchen Apparat.)

Noch manche Einzelheit ließe fich anführen, aber es ift wohl genug.

Ich hoffe, daß diejenigen unter den Lefern, deren Intereffe bis hierher ausgehalten hat, die Überzeugung gewonnen haben, daß bei unferen Kindern, auch den Kindern des Volkes, Intereffe und Verftändnis für künftlerifche Bilder in reichem Maße vorhanden ift.

Sollte aber das Glück es wollen, daß diefe Schrift in die Hand des be= kannten, berühmten Mannes käme, des reichen Millionärs und Menfchen= freundes, fo bitte ich ihn, fich recht liebevoll in die Gefichter der Kinder zu vertiefen.

Dann werden fie ihm zu reden anfangen. Denn foviel Kinder= gefichter hier abgebildet find, fovielmal ertönt leife aber eindringlich die Bitte:

Laßt uns teilnehmen am geiftigen Leben unferes Volkes,
auch an feinen künftlerifchen Beftrebungen:
Gebt uns künftlerifche Bilder!

CPSIA information can be obtained
at www.ICGtesting.com
Printed in the USA
BVHW081132210119
538274BV00023B/1050/P

9 780266 644927